비움의 행로

초판 1쇄 인쇄 2025년 09월 10일
초판 1쇄 발행 2025년 09월 25일

신고번호 제313-2010-376호
등록번호 105-91-58839

지은이 이국남(李國男)
삽화 이은실 화백

발행처 보민출판사
발행인 김국환
기획 김선희
편집 현경보
디자인 김민정

ISBN 979-11-6957-384-9   03810

주소 경기도 파주시 해올로 11, 우미린더퍼스트@ 상가 2동 109호
전화 070-8615-7449
사이트 www.bominbook.com

- 본 출판은 한국예술인복지재단의 지원으로 출간되었습니다.
- 가격은 뒤표지에 있으며, 파본은 구입하신 서점에서 교환해드립니다.
- 이 책은 저작권법에 의하여 보호를 받는 저작물이므로 무단 전재와 복사를 금합니다.

李國男

脫稿 詩選集

비움의 행로

보민출판사

추천사

　이국남 脫稿 詩選集 『비움의 행로』는 삶을 오래 걸어온 한 사람이 언어로 남긴 깊은 숨결이자, 시(詩)라는 형식 속에 고요히 응집된 사유의 결정체다. 건축과 경영, 건설학을 두루 공부하고 건축사사무소를 운영하던 그는 비교적 늦은 시기에 등단하여, 문학과 지역 문화 활동에 헌신하며 자신만의 목소리를 가꾸어왔다. 이번 시선집은 그동안의 여정을 집약한 성숙의 기록으로, 시인이 말하는 '다듬기'의 시학을 가장 뚜렷하게 드러낸다.

　시인의 말에서 그는 "거듭한 나이 버거워질수록 자기 다듬기가 절실히 필요할 즈음"이라고 고백한다. 젊은 날의 시가 감정의 울림에 이끌린 무작정의 기록이었다면, 이제 그의 시는 한 발 물러서서 뒷짐 지고 세상을 바라보며 얻어낸 차분한 되새김이다. 시를 쓰는 일은 단순한 표현이 아니라, 자기 삶을 정리하고 가다듬는 행위이며, 그 과정을 통해 그는 또 다른 나르시스의 샘을 찾고자 한다. 그러한 태도 속에서 이번 시선집은 한 인간이 자기 생애를 마주하며 내린 성찰의 문학적 고백으로 빛난다.

　이 시선집은 다섯 개의 부로 구성되어 있다. 제1부「무엇이 우리를 붙잡는가」에서는 민족사의 상처와 현대사의 아픔이 펼쳐진다. '트라우마'는 세월호 참사의 비극을 직시하며, '독도여'와 '이산의 아픔'은 분단과 상실의 고통을 노래한다. 이 작품들 속에서 시인은 개인의 감정을 넘어 공동체 전체의 목소리를 담아내며, 오랜 역사적 기억을 오늘의 언어로 새겨낸다. 제2부「시계 속을 걷다」에서는 예술과 일상, 그리고 시간을 소재로 한 시들이 이어진다. '샤갈', '고호의 화필 속에 숨다', '재즈'와 같은 작품들은 화가와 음악가들의 세계를 빌려 삶의 본질을 탐색하고, '시간이란 손님', '서랍' 같은 작품들은 시간과 기억의 불가해함을 되짚는다. 그 속에는 건축가 출신으로서 사물을 구조적으로 바라보는 시인의 독특한 시선이 배어있다.

　제3부「지성의 요람」에서는 일상 속의 성찰이 더욱 또렷하다. '아름다운 세상'에서 그는 '한 발짝 물러서 바라보는 그림'을 통해 비로소 세상의 아름다움을 깨닫는다고 말한다. '아침 명상'은 무질서한 생각들을 정리하며 얻는 사유의 고요를 그려낸다. 이러한 작품들은 사소한 일상의 풍경을 통해 삶의 본질을 묻는 힘을 지닌다. 제4부「비움의 행로」는 시선집의 중심이며 시인의 궁극적 메시지가 담긴 장이다. '바코드'에서 그는 사회 속에서 매겨진 정체성을

성찰하고, '개똥철학'에서는 공허한 언어의 허망함을 풍자한다. 표제작 '비움의 행로'에서 시인은 '쌀 한입 동전 하나 챙겨 훌훌 떠나시네'라는 구절로, 삶의 끝자락에서 모든 집착을 던져버리고 나아가는 존재의 길을 노래한다. 그것은 죽음에 대한 두려움이 아니라, 남은 한과 미련을 내려놓음으로써 얻는 자유와 평화의 순간이다. 마지막 제5부의 「강원별곡」은 고향 강원의 산천과 그 역사적 기억을 노래한다. '대청봉 그 정상', '태백산 민족 성전', '소양강에 역사를 심다' 등은 자연과 전설을 단순히 묘사하는 것을 넘어, 민족적 정체성과 영성을 되새기는 장으로 확장된다. 고향은 단순한 장소가 아니라, 시대와 민족의 기억이 축적된 원천이며, 시인의 뿌리이자 그가 시를 통해 끊임없이 돌아가는 자리다.

    이국남의 시는 크게 두 갈래의 결을 동시에 지닌다. 하나는 역사와 공동체의 목소리를 대변하는 웅대한 울림이고, 다른 하나는 일상의 소소한 풍경을 따뜻하게 어루만지는 서정이다. 그는 거대한 담론과 평범한 기억을 함께 끌어안으며, 시를 통해 삶의 전모를 그려낸다. 언어는 장식적이지 않고 담백하며, 때로는 직설적이다. 그러나 그 담백한 표현 안에는 오랜 사유와 무게가 담겨 있어 읽는 이로 하여금 깊은 울림을 느끼게 한다. 이 시선집이 전하는 핵심은 결국 '비움'이다. 시인은 삶과 역사, 일상의 번잡함을 껴안은 뒤에야 비로소 내려놓음의 의미를 말한다. 그것은 단순히 비워내는 것이 아니라, 오래 짊어진 무게를 정화하고 자유로 나아가는 지혜다.

2025년 9월
편집위원 **김선희**

시인의 말

거듭한 나이 버거워질수록
자기 다듬기가 절실히 필요할 즈음
그러자니 홀로 숨겨온 사치스런 시간을
되도록 많은 벗들에 넌지시 고해바치는
그것으로 다듬기를 쉬 대신해 보듯

문학 연륜만큼 쌓여진 운문
무작정 불리기보다 이젠 뒷짐 지고
더 멀리 바라보며 다시 한번 헤아리는
그리해 되새김 반복할수록 정갈히 솟는
또 다른 나르시스의 샘을 찾으려 한다
모두에 감사하는 마음으로

2025년 9월
시인 **이국남**(李國男)

✧ 목차 ✧

추천사 • 4
시인의 말 • 9

제1부. 무엇이 우리를 붙잡는가

백두의 안개 • 16
요하에서 울던 벌판 • 18
무엇이 우리를 붙잡는가 • 19
카키색 성지 • 20
소인국 (1) • 21
소인국 (2) • 22
소인국 (4) • 23
트라우마 • 24
유토피아 • 25
평창이란 준마 • 26

독도여 • 27
반도여 고하노니 • 28
염원의 외침 • 30
땅굴도 자신이 싫다 • 33
동갑내기의 죽음 • 34
미군기지 • 35
관통 • 36
무궁화 콜로세움 • 37
이산의 아픔 • 38
불행한 역사 속 굴레 • 39

제2부. 시계 속을 걷다

샤갈 • 42
고호의 화필 속에 숨다 • 43
추상화 • 44
재즈 • 45
켓츠 • 46
색스폰 • 48
빛 일던 등대 • 49
레일 바이크 • 50
한옥자랑 • 51
장독대 • 52
해우소 • 53
창문 • 54

시간이란 손님 • 56
시계 속을 걷다 • 57
바둑 (1) • 58
바둑 (2) • 60
서랍 • 61
진달래 • 62
호박꽃 • 63
해바라기 • 64
마네킹 아가씨 • 65
누에 집에 잠들다 • 66
이 가을 • 67

제3부. 지성의 요람

그리움이 사는 곳 • 70
싱거운 달님 • 71
아침 명상 • 72
아름다운 세상 • 73
지성의 요람 • 74
서울횡단 • 75
봄 그리기 • 76
가을을 줍다 • 77
하오의 정사 • 78
에스프레소 마시기 • 79

기차가 그리워요 • 80
여름밤의 랩소디 • 81
창밖의 소리들 • 82
유배지 • 84
무념이 저지른 생각 • 85
종각 앞에서 • 86
라스베가스 • 87
바라나시의 새벽 강 • 88
태양의 나라 • 90
위대한 무지의 성 • 91

제4부. 비움의 행로

개똥철학 • 94
시인의 길목 • 96
생각의 문 • 97
시인의 모습 • 98
바코드 • 100
여름밤 메시지 • 101
사막에 가고 싶네 • 102
타협된 불면 • 103
서녘 놀 • 104
어느새 • 105
통로 • 106

낙수 • 108
일상의 그늘 • 109
친구의 인사 • 110
한계 • 111
비움의 행로 • 112
사시(斜視) • 114
하늘 문 • 116
혼절의 계절 • 117
어머니의 김밥 • 118
노모의 캔버스 • 120
보릿고개 • 121

제5부. 강원별곡

대청봉 그 정상 • 124
대포항 단상 • 125
오대산에 묻은 사념 • 126
치악산 전설을 줍다 • 128
다시 한번 그 감격 • 129
땅굴 탐방기 • 130
태백산 민족 성전 • 131
소양강에 역사를 심다 • 132

그 이름 금강산 • 133
경포대 달밤 • 134
옛 정라진 단상 • 135
장릉 그곳은 • 136
정선 오일장 • 137
용궁의 길목 • 138
철원 주상절리 탐방 • 139
오색약수 권하기 • 140

집필후기 • 142

✦

제1부

무엇이 우리를 붙잡는가

백두의 안개

한 뼘 지도 속에 잠이든
한스런 바람의 슬픈 역사여
잃어진 북녘 벌은 어디쯤인가
그 숨결 여직 살아 있을 라
고조선 산야 기어오른다

영원히 지울 수도 없는
한얼의 소망 같은 감회인데
백두에 올린천지 차고도 차서
볼수록 잃어가는 얼굴 속에
핏물로 고여 도는 눈물

저토록 정갈한 청수 위로
뼈저리며 그어졌을 국경선상
토막 난 한민족의 한스런 영산
쉬 보이고 싶지 않은 자존에
그래 이리 안개 피우는가

뉘 우리의 정기라 했을까
감격도 거부한 회억의 분화
차디찬 안개 되어 떠도는구나
아 남이 된 저 못난 역사여
한 점 그루터기 선영이여

요하에서 울던 벌판

아직 환웅의 핏물 흐를까

어찌해야 저 너른 벌 당겨올까

광활한 토반 위 혼 불을 심던
선각자 말굽소리 그 여운을 담은
푸르른 초목 한 닢 한 닢에 고한
고조의 기름진 햇살 여전한데

어제의 역사들에 오늘을 새긴
이국 아닌 이국에서 헤매고 있는
조선족 그네들은 진정 누군가

끈질긴 발붙임의 시원을 안은
아 내 동포 눈물이던 헤란 강이여
그 말없던 흐름들에 낯 설어 가며
유령처럼 용문 교 건너야했네

어찌해야 요동 벌 옛 역사 앞에

단군의 핏빛을 선명케 할까

무엇이 우리를 붙잡는가

충혈된 세월만을 버텨온
우리들 닳고 닳은 지친 언어들
한민족 그 숙원의 외침만 가득 싣고
그토록 오매한 소원으로 기운 뱃머리

이제껏 유배된 정박할 수 없는 해만 멀리
쉰 목 터짐에 난청이 된 통일 그 빛바랜 깃발
얼마큼 땀 흘러 노 저어야 힘껏 나부낄 수 있을까
그렇듯 꿈의 해안 어느 쯤에서 염원의 닻 내릴 것인가
파고에 띄워 보낸 순항일지마다 무엇이 우릴 붙잡는지
일렁이는 햇살에도 반짝임 하나 없는 슬픈 역사여
동해 푸른 심연 속에 가라앉은 암울한 세월들
그 그물에 갇힌 백성의 절규 듣곤 있는지

알 수 없는 반목의 세찬 기류만 높고
발 구르며 보채다 홀로 가는 세월로
고동만 울려대는 통일 선박들
언제쯤 그 출항들 있을라

카키색 성지

한때 고고한 성지 같던 영역
한번쯤 그곳 향한 진한호기심과
그럴싸한 작자들에 부여됐던 출입증
그 위력 참 대단했던 미군 캠 페이지
두터운 고기를 썰어먹는 특권이었지
가없는 사대적 근성이었을 거고
단편적 현실이 남겨준 허기여

무엇이건 빛나 보였던 미제 음식의 풍부한 먹거리를
싼값에 접해보는 작금의 골든 카드보다 더 버금했던
그 엄청난 행운의 기막힌 마패
양 색시만 들락거리던 그 부러움을 소수의 유지만이
야금야금 먹게한 꿈만 같던 선심 대단한 압권이었지

어느 해 그 성지의 문간에서
마패도 없는 대학생하나 땡볕아래
양키 고홈 피켓으로 일인시위를 한다
아 발 저리듯 철렁한 죄책감은 왜일까
그때 카키색성지에서 몇 차래 볼링과
햄버거 몇 개먹은 죄 밖에 없는데
똑바로 눈여겨 볼 수 없구나

차마 저 애국의 얼굴을 나는

소인국 (1)

어느 소인국에서 온 소인들
또다시 키재기 시험에 들어야 하는
여기 별난 나라에서 줄서기

저렇게
홀짝 작아지려면
얼마만큼 더 커 있어야 할까
그곳은 누구나 동화 속 주인공이고
키꺽다리 걸리버가 되는데
세계를 불러 모은 미니추어 전시장
그런데 아무리 둘러보아도
우리 것 하나 없는 아 서운한 나라
만리장성, 자금성, 에펠탑까지
발치 아래 감도는
소인국

그 작다란 저 영토에서마저
어느 표준치에도 못 미치는 소인국
아 우리들 한스러운 크기여

소인국 (2)

화국의
마지막 황제처럼 가련한
저 민망하고 애처로운 철부지권자
무슨 계략을 답습중일까
지금쯤

먼 타국도 아닌 삼팔 지척선상
인민해방에 볼모잡힌 화적집단

설마 했던 왕조가 불뚝 솟았네

알고도 모른 체 노예화된 백성
시대를 역주하는 최면 걸린 땅

아아아
한반도 너무 좁아서일까
좁은 땅 좁게 살아 생각마저 외곬
한심한 강성대국 미련한
화약고

소인국 (4)

그래 이제껏 쌓이고 쌓인
구린 풍요들의 예견된 반란이다
오 통탄할 어처구니 극치

온 나라의 슬픔도 억장도
모두다 무효이고 싶은 막막함을
그저 잔인한 사월로만 밀어대는
남해 매정한 바다며 더하여 익숙한 무감들

안타까움만큼 발 딛는 곳마다
비리의 똥밭으로 변모된 나라

과욕으로 회칠된 그 과부하 불감증 구축에
우리 어린자식들 풋풋한 꿈들이
생애 하나뿐인 오롯한 추억들이
왜 희생의 제물로 됐는지

도저히 돌이킬 수도 없는
미안할 자격마저 잃어버린 우린
모두 다 중과실 치사자다

트라우마

어쩜 저럴 수가

무엇이 잘못 됐을까
발랑 드러누운 꼴불견
불현 밥상머리 앞에서
세월 호 가라앉는다

아이들 가라앉는데

눈뜨고 세상이 가라앉는데
태연하게도 목구멍 속으로

유입되는 아침밥상

무언지 모를 허무감
내내 침몰하던 양심은
제발 꿈속이고 싶은데
뉴스 생방만 신났다

하 창피한 민국

유토피아

때만 되면 신이나요
꼬박꼬박 연금 날이거든요
굶어 죽지는 않아요

사는 집도 아파트라
집안일도 간편해서 좋아요
정말 살맛을 느껴요

승용차는 있냐구요?
아니 몇 대 되냐고 물으셔야죠
지금이 어느 시댄데

여름 한철은 바캉스
겨울엔 남방계나라 찾아서
해외여행 좀 하지요

예예 참 부럽습니다
어느 나라에서 사시는지요
혹 유토피아 같소만

평창이란 준마
- 동계올림픽 찬가

보라! 아흔아홉 굽이길 펼쳐
동해 저 푸른 파도 달려와
대관령 산정너머 고랭지산천위에
청무 같은 옥빛깃발 올리고 나서
노호처럼 부서지다 기어이
육대주 새 관문 우뚝 세웠네

장하다 평화로운 창달일세
너도나도 기원하던 대한민국 평창올림픽
오 저력의 희망찬 게이트 다시 이른 염원의 나부낌이여
광활한 고원의 눈밭 깊숙이 무슨 패기의 씨앗 심었는가
이제야 아껴왔던 강원의 얼 성큼성큼 그 문 넘어서는가
너도나도 기원하던 대한민국 평창올림픽
장하다 평화로운 창달일세

저 지구촌 지붕 위 활강하는
오대양 푸르른 눈빛도 보라
아 모두가 준마처럼 달리는 저들
이제는 팔을 걷자 한겨레의 자존
갈기 세운 피 더욱 혼신 것
힘찬 국력 되어 날아가 보자

독도여

새벽해 황금빛에
천만년 달구어진 당신
그대는 강인한 선봉
애국 열망으로 솟구친
찬란한 기상이다

거친 파도 아우르며
억만년역사를 꿈꾸기에
나 여기 우뚝 서 있겠노라고
망망대해 호령호령하는
천상천하 독 불이다

단신홀로의 원정
동해바다 저 멀리서도
외로울 새 없었다는
저 믿음직한 도도함을
그 뉘 넘볼 소냐

반도여 고하노니

동방의 별 자처하는 반도의 나라
반만년의 오랜 역사 끄러 안고서
온갖 역경 모진고난 헤쳐 왔는데

나부끼는 백의 정신 배달의 민족
조상대대 이 땅속에 묻힌 영혼들
그 기나긴 인고 속을 버텨왔는데

진토 된 백골로도 금수강산 지켜
찬란한 기상 용 돋음 끊임없는데
아 어이해 태평성대 꿈일 뿐인지

왜구 떼놈 더불어서 로스께 까지
호시탐탐 침 흘리며 입맛 다시는
간과해선 아니 되는 직시의 현실

안타까운 허송의 세월 온 일백년
반 토막의 나라분열 한탄만 더해
호국영령 애국 혼들 눈을 되뜨네

백두대간의 등줄기도 하나로인데
깊은 동해 저 해역도 하나로인데
어찌 평생 내우하며 둘이 되었나

금수강산지하자원 금쪽같은 보고
사시사철 이의 없는 지상의 낙원
무엇들이 한이 맺혀 여직 싸울까

동족 간에 난무하는 살상의 기운
끊임없는 대치 속에 멍이든 백성
아 아 동토의 용열한 수장들이여

강성대국 헛 욕심에 배곯는 순민
이 강토 만백성이 몇몇 것이더냐
어느 나라 민족들이 이리 살까나

언제까지 아귀 같은 금수가 되어
한평생 이산민족으로 살아야하나
오 천지신명 이 겨레 어찌하리까

염원의 외침

그 날엔 그 그날엔
모두가 울컥대는 가슴들
가슴을 주고받으리

참고 참던 회한의 눈물 그 오욕덩일 강물 되게 하여
민족의 한 그 피 빛 세월들을 말끔히 씻어 보내리라

돌연히 움튼 그날엔
우리들 가슴처럼 펄펄 끓는
용광로 불도 지피리

녹슨 철책 둘둘 말아 굳은 응혈 함께 녹인 쇳물 붓고
지겹고 참담했던 역사가둘 잠금 쇠 매 차게 두드리리

아 터질듯 한 환희와
준비된 새날을 부둥켜안고
통곡소리 드높이리라

그날엔 그 그날엔
집집마다 문 활짝 열고
새 길손들 맞으리

망국의 표상처럼 천상에도 그어졌을 능구렁이 DMZ
그 묵고 묵은 장벽 산뜻이 헐어 새 이정표도 세우리

아 입성 기다리는
저 통일마의 발 굴음을
앞 다퉈 보내놓고

북녘 땅 피맺힌 그리움들 편안토록 머물게 그러모아
산천 떠도는 영령들 모셔 밤새껏 화답노래 부르리니

그날엔 그날 밤엔
별빛도 자릴 물려 통일의
새 성좌 새기리니

다신 아 또다시는
잃어서는 아니 될 한 얼
그 백의의 정기들

그리하여 그 힘찬 울림들과
온 산하의 열기로 달구어진 백의깃발
반도의 뜨거운 염원을 조국의 정수리에 담을

그날까지 모두 부릅뜬 눈 감지마시라
압록강 두만강도 몸을 넓히고
찬란한 금수강산 기필코 지켜 내려는

한겨레 한 핏줄을 엮고 또 엮어 역류케 하여
끓는 피 억수로 솟구치는 백두한라에
봉화대 불기둥 높이 세우자

아 지하의 선인을
하늘 끝단에 닿게 하려는
이 통곡 들리는가

땅굴도 자신이 싫다

삶의 진의를 우롱하는 저
살얼음 끼어든 긴장의 빙점
무가치한 투혼 그 야욕들 춤을 췄던 무대
저들은 자신을 기만한 일에
정녕 어떤 보람참 있을까

음흉한 공명소리에 갇혀서
몸 저리는 땅속 깊이 저 낙수하는 물방울
냉담으로 키워낸 정적마냥
조국의 살점과 뇌수도 뚫어보고 싶었을까
지상최대의 무식한 발상아

기괴한 통일로의 접근방식
저질로 놓고 다물 수도 없는
지루한 허탈은 웃지 못 할 희대의 전시품
고작 무감각시대를 횡단하는
한줄기 아찔한 현기증이다

동갑내기의 죽음

내와는 동갑내기지
숱한 목숨 앗아간 그가 죽었다
이 세상 유일의 절대 칭호만큼
묵직한 죽음의 예식
수만 혼백 그러 뭉쳐도 모자랄
그러한 크기로 죽기 위해 버틴
앙칼스럽던 그 생애

딱한 병사들 얼려대는 동토의 매운 날씨 골라
병마총 동상으로 도열시킨 저 사후 억지 연출
진시황도 능가할 저 죽어도 움켜진 망할 권력

아! 그 막강의 한계 어디까진지
연민도 아까운 시대적 감도로는
이유 불문 애절함도 엄숙함에도
그 무엇에도 대입하기 역겨운
그저 무지스러운 광란일 뿐
2차 대전 낡고 낡아빠진
무채색 영상만 같다

미군기지

무엇을 남기고 그들은
부랴부랴 자췰 감췄나

버터 향 감칠 나던 지난날들
꿀꿀이죽 입맛만을 남겨놓고
기척도 없이 떠나버린
코잽이 헬로 아저씨들

수호의 상징적 물목인 몇 절음의 씨레이션에
숫한 누이 애환만 키워댄 콧대 높던 키다리 군이
녹슨 철조망만 남기고 시원섭섭 사라진 자리

지금도 깡통냄새 같은
몹시도 지린 어원남아
G,프로젝튼지 무언가로 둔갑
지겨운 코브라헬기 소음처럼

요란 떨다만 정적처럼
귓전을 무뎌지게 한다

관통

주장할 이유마저 소멸된
되찾을 생각도 잊었던 도심 속 치외법권
일명 미군부대 켐페이지

어찌어찌해 그들 떠나고
바야흐로 그 영오의 땅 한복판 가로지른
관통개설로가 트이든 날

비로소 소생되는 현상들
잊고 산만큼 더더욱 잊고 살아온 거리가
반백년 훌쩍 뛰어넘었지

족히 50여년 얼어붙었던
그 엄청난 무적세월 감회 아껴 밟아보니
아 허무도하네 5분 거리

무궁화 콜로세움

왕릉처럼 높다란 지붕에
무궁화 간판 걸린 스타디움
금붙이 단 유니폼 선수들이
입심 키우느라 분주하다

신통망통 물리지도 않는

별난 비술들이 주름잡는 곳
민주라는 칼 마구 휘두르는 시합
끝없는 줄다리기 생트집도 유효해서
때론 광란의 격투기도 즐기는 그
악령 높게 변해버린 무도관

도대체 누가 지어줬을까

과연 누가 닦아놓았는지
상여처럼 툭하면 길을 막고
눈치껏 치고 박고 싸우라는
드넓게 징한 여의도광장

이산의 아픔

그리움의 계량들은
떨어진 거리에 비례 한다
다만 그 정점을 뛰어넘는
수만리 이국땅에선

시간으로 역 순화하는
오랜 체념의 그리움 같다
잊고 산다는 편안함은
가혹한 숙명 속에서
안주해 보일 뿐 그리움은
종내 한으로 맺힌다
하루거리도 되지 않는
남북 간 이산의 피맺힘은
시간도 거리도 초월된

이 지구상에 유일한
한반도적 그리움덩어리며
숙명과 한으론 계량 못할
뼈저림의 함량들이다

불행한 역사 속 굴레

평생을 꼬릴 달고 사셨네
수치도 굴욕도 포화 속에 그을린
얼 잃은 목숨부지 할머니

도무지 알 수없는 이국땅
남방의 정글에 갇힌 조선 처자들
그 얼마나 억울한 생인가

내 고향 어느 하늘아랜지
부모도 나라도 생각할 겨를 없는
전장의 험한 꼴만 남았네

뉘 우리의 귀한 여식들을
그리 무참히 짓밟고도 뚝 시침인
무정의 세월이 더 얄밉다

시들 수없는 영원의 꽃잎
풀지 못한 원한 아직도 소녀인데
망국조선 이 못난 역사여

제2부
시계 속을 걷다

샤갈

그대의 고향은 꿈속인가
어쩜 도저히 벗어날 수 없는
당신만이 살아야할 피안

저렇게 새도 말도 침묵하는데
오오 여인은 자꾸자꾸 드러눕는데
해체된 남정네 몸뚱이와 철없이 날뛰는
당나귀 그리고 벌거벗길 좋아하는 아낙들과
이미 거꾸로 누워 살길 갈망했던 당신은
결국 어느 고 성당 장엄한 스테인 글라스와
그 유리창에 잔뜩 모여 조는 햇살아래서
편하게 잠든 순진스런 색상들처럼 유유해도
난해한 그댄 저 가늠 안 된 비탈진 영혼
그럼에도 시심들을 달라붙게 하는
끈끈이 같은 환영의 메신저다

당신만이 살아야할 피안
그래 어쩌면 벗어날 수 없는
몽유만이 그대 고향이지

고호의 화필 속에 숨다

이따금 정적의 삶 찾아 나서보지만

고호의 햇살처럼 막막해오는
빈혈기 감도는 들판 저 멀리
울컥 멀미 도는 세상만 보네

흐물흐물 무너져 일렁이는 어지러운 탱자 숲 사이
빼 곡이 숨어 들어찬 일상들 숨차다

그렇듯 제정신을 일상틈바귀 어딘가에 숨겨보지만

이내 혹독한 불길 속에 갇혀 끝내는
온몸 던져 지글지글태운 열반의 꿈만 살아 날뛰네

보아하니 어디에도 없는 고요
아무렴 그것 섬뜩 깨닫고부터
요동치는 시어들 그 반란들이

자꾸만 잘려나간 귓전처럼 아파오네

추상화

추상이란 놈의 정체
버젓한 경륜의 징표 같지만
때론 고집스레 둔해 보이는
어쩜 욕망놀이 속만 헤집는
고고한 삶들의 몽환

혹은 무작정 의지 하고픈
순간적 맹목의 넋 일수도

그러나 그 넋은 언제나 질척하니

눈물과 애환들로 꾸며 논
무수한 망상들 범벅일 뿐

어쩌면 긴 한숨으로 다그친
그렇듯 참담한 눈치로 여물게 한
그 진한 삶의 앞잡이 같은 물상들을
너무나 쉽게 그려 넣고 후해하듯
왜 자꾸 뒤돌아보게 되는지

재즈

어디로 흐를까 망설임 없는

순간순간 극진한 변이
미련 많은 영혼들 그러모아
무엇 어루만질 것인지

무시로 달려와 퍼붓는 정감

그렇게 음어로 제창된 삶의 공유다
애틋한 향수 묻어나 지워지지 않는
모두를 절감케 하는 범사의 진정한 맥 속에
뱉지 않으면 못 견딜 것 같은 절규
그 절규 저려대는 애환의 토어이다

마구 터져 흐르는 감미로움

긴박감 속의 환희로움
무아 속에서 점멸하는 밀어
그 은유함을 자아내는

내내 군살 없는 자유로움아

켓츠

뮤지컬 켓츠
구름에 쫓기는 둥근달
식은 달빛에 걸려든 긴장감
그 예약된 환상
어느덧 맑고
애잔스런 가곡 메모리
깊이 잠겨있던 기억속의 삶
그 고뇌한 찬가

영특한 어둠
어둠이 제조한 무대는
신비와 환상을 극대화 한다
그 뻔한 효과를
받아 삼킨다
그래야 비싼 티켓팅과
따님 성의에 근접 보답하는
내 고양이 두뇌

그렇게 만난
객석 누비던 고양이들
그려 사연 많은 스토리텔링
그 야밤의 절규
그네들 밤을
이슥히 지켜보던 나는
이미 마련했던 남모를 인내
그 앞에 바치네

색스폰

오 감미로운 흐느낌
차라리 넌 울음이고 그리하여
네 외침은 구슬프다

흐느낌 속 뚫고나온
그 중후한 사연들의 판타지는
오래 묵힌 절규로다

맺혔던 한 밀치고서
봇물 터트려 뿜는 후련함처럼
모두를 휘감는 비술

그런 다스림에 젖은
그 쭈뼛한 전율들을 흡입하는
영혼의 허스키 모드

그렇듯 심근을 죄는
너의 찬란한 음역의 변방마다
그댄 언제나 리더다

빛 일던 등대

내 너를 바라보노라면
정작 외로운 건 나의 감성
그리하여 이끌리는 멋쟁이양반

하늘 그어대는 흰 갈매기며
그 구색 맞춘 백색 키다리신사
어찌하여 홀로라는 절체절명을
이토록 멀리 보내오고 있나

벼랑에 자진한 파도의 외침
더는 물러설 곳 없는 다급함이
서둘러서 환생시킨 바다지킴이
넌 그렇게 굳어진 독야여신

죽자 사자 기어오른 홑 바위섬
지평의 시나리오 외로워도
외로워야 빛나는 그대

레일 바이크

뜻한바 낙향인가요
고행의 세월 다 삼키고서
그 소진의 덕 마지막 봉사로
뭇 행락객 목마가 웬 말이요

세기의 역사 줄기차게 나르다

첨단의 뒷전에 슬그머니 물러앉아

아무런 목적도 종착지도 석연찮은

전에 없던 동심만 모으셨네요

녹슨 퇴역의 시그널 내리고도
아련한 무한의 터널 향해가는
그댄 다시금 역 질주하는
애환의 추억전도사

한옥자랑

언뜻 지붕만 눈에 담긴다네
몸집보다도 큰 용두위용 지붕
하늘 매만지듯 허공에 도전하듯
팔 한껏 능청스레 내민 추녀곡선들
선조의 호쾌한 기치가 서려있네
암기와 수키와 엇갈려 덮고서
꽃무늬막새기와를 드리우면

폭염도 폭설에도 꿈쩍 않는
아 위풍스런 요새 요새여라

산새와 어울림 너무 기차고
자연 속 막막히 묻혀있기보단
그 자연 오히려 호령하고 있으니
대감님 감투 같은 우뚝 권세 아닌가
저 옷깃여민 듯 깔끔한 용마루선
조상님 숨결일어 움터 오르는
얼로 새겨 이어온 조화로세

장독대

키 높이 달라도 다툼 없는 위계
오순도순 식구 같이 단란한 옹이장독
우리들 삶을 아우르던 화폭이지

그곳엔 조상님 숨결이 삭혀있지
함박눈 달려와 제일먼저 자리 잡는 곳
모름지기 내내 정겨움 덩어리지

결코 앞서려하지 않는 소박함은
참으로 긴 세월 변함없는 충직함 같은
정말 겸허한 민족사의 댓돌이지

그 위 가훈보다 더 승부를 걸듯
오랜 전례로 이어온 깊은 묵힘의 맛은
진작 발효된 선조들의 업적이지

아무렴 집터보다 더 우대하거늘
언제나 따스한 햇살 내려와 먼저 앉는
아주 양지바른 반석이 그대들것

해우소

그대들 아시오 나의 선량을

대대로부터 우리 씨족은
내시처럼 읍하고 살았소

이 꼴 저 꼴 모두 눈여기며
때로는 민망에 절어 웃지만

아무것도 못 본체 순대기 백성처럼 살아왔소
입 벌려 태어난 죄 어찌 할 말 없으랴만
꾸역꾸역 삼켜버린 그대들 못난 밀어 그
탐욕의 독 향에 취해 평생 할 말 덮으려하오

그래도 우리네들의 보람됨은
잘나고 못난 놈 다 똑같음을

내가 허락하고 산다는 것
내게도 귀와 눈이 있음을

당신 모르게 하고 산다는 것

창문

너는 눈이다
눈 크기만큼 보이는
세상을 잘라서 모셔놓고
눈 감아도 보아지는
넌 감성이다

너는 입이다
날마다 흡입한 일상
철따라 변하는 사계절이
소리 없이 들락대는
넌 소통이다

너는 손이다
정성껏 빛을 나르며
말없는 세간을 어루만져
삶의 자릴 일러주는
넌 메신저다

너는 정이다
맥 놓고 살아야하는
숫한 세월의 희로애락을
그러려니 담고 새긴
넌 가슴이다

시간이란 손님

무위한 질량
잡아둘 수 없는 생의 숨결
그런 머물지 않는 억 겹의 순환은
보듬고 보듬어도 허허로운
무한의 공백

왜서인지는 모른다
너의 속은 항시 애타고
거역 할 수 없는 소실감이 가련타
그리 기척 없이 흩날려
면전에서 기화하는

그러한 너의
무위는 삶의 핑계요소여라
항시 아쉬움에 절어 채근하는 너
새벽잠 설치며 초대하노니
오 잠시나마

시계 속을 걷다

끝없이 파행하는 순간을
진적에 가두어 포박 지우곤
굴레라는 걸쇠도 채웠네

한순간도 놓칠 수 없다는
인생놀이 너무 짧고도 짧아
제발 나눠서 쓰란 이친데

허용할 수 없는 자유로움 같은
우리들 삶의 방식이란 그 초점들이
이 세상을 마구 압박하고 있네

따지면 온통 거짓 천진데
왜들 슬금슬금 눈치를 보며
질질 끌려서 어디로 가나

잘려서도 집합하는 시간
세월을 다 잡아 토막을 쳐도
이어 질주하는 시침이여

바둑 (1)

어딜 향해 달릴 것인가
저 광활한 대지 딛고 달려
아 내 쏟아야할 개척의 의지
그러나 기다리던 허허벌판
그리 호락치는 않을 법

허나 내게 부여된 기회
절호의 도전에 임하려하는
호쾌한 내 무사정신 알 런지
내게도 남모르는 권모술수
그 숨겨진 무기 있어라

어릴 적 땅뺏기 사행도
아무튼 손이 커야 이긴다는
무한경쟁 속 싹튼 야욕근성들
아 어찌해 푯말 꽂아갈수록
남의 땅만 크게 보일까

아직도 씨줄날줄에 매여
한팔 한발을 내딛는 떨림 돌
그 가슴조려 대는 희열처럼이나
아 나는 이 세상을 얼마만큼
마음 두면서 차지했을까

바둑 (2)

난 가끔 성주입니다
내나라 나의 백성을 위해 기꺼이
겁 없이 적토마에 오르고 기꺼이
백마의 기사도 되오

예상된 적장의 공손한 침투
나또한 예로서 맞이하는 최선의 방책들
숨 가쁜 이 모두의 공존전략 깨닫기 까지
얼마나 많은 군사를 희생하였고 얼마나
쓴 패전의 굴욕 맛보았는가

선언컨대 적장이여!
이제 나의 공략을 겸허히 받으라
저 광활한 영토 다 내어줄 수 없나니
그대가 꿈꿔왔던 이상도 피차 똑같으려니
내 무례하고 가차 없는 돌격 탓하지 말라
기다리시게 이제 곧 까무러칠 희열을
승전의 전리품 잔에 그득히 부어
원 없이 들이키리니

서랍

언제나 싱거운 요람

스스로 열수 없는 안치소엔
망각을 키우고 또 망각하는
뭐 자질구레한 밀어들 갇혀
등잔 속 거인처럼 행세한다

한쪽 곁엔 막연한 인명록이
언젠간 한번쯤 날 발탁하는
그럴 거란 기대들로 엉켜서
살아온 삶의 질긴 척도처럼
이제나 저제나 각을 세운다

어쩌면 나를 가둘 요람마냥
왠지 작아야 된다는 생각도
언젠간 영원히 열수 없기에
되도록 자주 햇살 채워본다

잊어질 세상을 담듯

진달래

고운 이름아

언제 봐도 너희는
시골누이 같은 순함이 있어
듬뿍 정이 솟지요

은은한 저 수줍음
몰라라 마구 쏟는 고운미소
참 예쁨도 순해요

누구도 거부 않는
연정어린 그대들 봄 이야기
거산도 낯 붉혀요

흔해도 다정한 벗
다소 곳 얌전빼다 부화하는
어여쁜 봄 누이들

흠뻑 웃어요

호박꽃

호박꽃이 피었네요
차마 알 수없는 비애 앉고
막무가내 피었네요

달가운 현란함도 눈길 잡는 매료함도
비하된 처우지만 다툼 없는 군락이여

감동 따위 초월해온

뚝심 좋은 홀로서기

탐스러움 접어 넣은 진노랑의 후덕함
내깔린 관심에도 수더분 이 피었네요

차근차근 살피려니
아아 아방 일세 궁전 일세
여왕봉이 자리했네

해바라기

하늘을 지키는 수문장들
모두모두 발아래 있는 것에
자긍심마저 대단 하겠다

햇덩이 같은 함박미소가
아무려나 뉘 너에 비할까만
오로지 태양신만 아런 터니
나르시스 천궁에 빠졌나

고개도 얼굴도 내려뜨려
다시는 들지를 못 하는구나
세상의 모든 아름다운 것들
너의 발아래 무수했는데

이글이글 불타던 정염도
오오 그러나 끝내 애끓다가
새까맣게 그을린 생애여

마네킹 아가씨

본능적 감촉인가
문득 눈길을 잡아끄는
쇼윈도 벌거숭이 아가씨들
머리마다 빡빡이 신세

누가 저 연약한 소녀를
누가 저 미소 잃은 천사를
저리 참담히 내 깔렸나

낯 뜨겁게 숨겨왔던 정
여인네의 부끄러운 신비를
무참히 짓이긴 저 비련

말없는 피에로의 충정
끝내는 외면당한 점포정리
민머리 불쌍한 마네킹
감성을 잡아끈다

누에 집에 잠들다

겹겹 한 나이테 두르고
오 난 서서히 굳어가리

백옥 같은 방주 속 몰래 숨어
모든 소망 물리고 미라처럼 굳어가리

안온한 영민 구하려
짧고 짧은 생애 굴려굴려
내 겨우 알 몸 하나 추스르며
마지막 예 갖춘 구리 빛 갑옷 입고서
곱다랗게 패왕처럼 누워 자리
언젠가 부서지고 절개 될
한세월 부장품 같이

이제 세상 문 닫고 온몸 풀어 마련한
내 궁전 그 알량한 공극 속에

푸르른 꿈 오그려 안고
부활의 그 날 기다리리

이 가을

석별의 순리 아닌가
여름내 일궈 떠나보내는
가을은 참 서글프다

실은 가없이 덮쳐서 오는
그 느닷없이 솟는 서글픔이란
아쉬움이 그저 마냥 저리도록
뿜어대는 아름다움덩어리

비치는 눈물 없어도
가슴마다 절절히 흐르다
여며오는 사계의 혼

애잔한 거품처럼 빛 일어
고고한 강변을 일깨우는 것들
급기야 치명적 자태 흩뿌리며
온 산야에 작열하는 것들

그러나 결국 내 앞에
분열하듯 쓰러져 날리는
아 어쩔거나 이 가을

제3부
지성의 요람

그리움이 사는 곳

그리움
그네들을 유심해 보니
용서만이 가득한 저 하늘만 좋다더니
까마득히 점멸하는 별빛과 휘영청 달빛 같이
어디론가 떠나는 구름 구름위에 올라
노을로 사는가 싶더니
한여름 어느 잔잔한 호수가 맴돌다간
어느새 낙엽으로 눈꽃 속에 엎혀살다 그러다
그러다 무시로 달려와 무작정 안기듯
우리 가슴에 살자하는
그리움

그렇듯
티 하나 없는 맑음으로
곱고 고운 그림으로 환하게 살자한다
먹지 않아도 온 몸속 느껴지는 그러한 맛
그러한 홍시 같은 연심으로 예쁘게 살자한다
아 영혼과의 대화 그 유일한 드맑은 통로
그 사색과 독백으로 섬처럼 살자한다
내칠 수 없는 반려되어
영원히

싱거운 달님

한밤중 깨어나 본 중천
유난히도 빛 고운 달님 얼굴
맥 놓은 듯 유심했더니

싱거운 달님아씨
무엔가 툭 던져 내민다
우렁이각시 같은

그리움덩이 하나
커다란 외로움덩이하나
눈물단지도 하나

그로부터 밤새껏
고것들 성화에 잠 못 이루고
마음 깊은 곳에 묻었던 추억하나
고이고이 싸두었던 얼굴하나
기어이 꺼내본다

아침 명상

쌓이고 쌓인 생각처럼
통 순서가 잡히지 않는 일상들
그것이 삶이라 했던가

누운 채 아침명상하기

뭐 우연찮게 굳은 시간 같아서
지금껏 투자된 인내로 버텨온 일상을 위하여
하루치만의 메모리만 챙기지만
겸허히 달래보던 꿈을 과감히 간추린다 해도
눌어붙듯 커버린 세간살이처럼

미루고 미룬 망상정리

겨우 생각의 끄트머리
그 한가락 꼬리 같은 겉모습만
윤나도록 닦고 닦는다

아름다운 세상

이제야 알 것 같습니다
한발 짝 물러서 바라보는 그림
왜서인지 이제야 알 것 같은
한발 짝 뒤에서 눈여기는 세상
이제야 알 것 같습니다

그렇게 물러서서 생각해야하는
그래야 그리워지고 그제야 사랑스런 사람들
이세상은 그래서 아름답습니다

그토록 아름다운 것들이
이토록 사무치는 그리움이
왜 저만치거리를 두고 있는지
이제야 알 것 같은 세상보기들
그 관심법을 넌지시 일러주듯
오늘따라 이른 새벽 창밖이
너무도 푸른 화폭입니다

지성의 요람

생각보다 그것들 저속하네
그들이 저지른 오만의 몸짓들이
혹 가시로 다가올 때 있네

언필칭 본모습은 고고하나
그건 양심이 개입된 움직임이고
실상은 별개인척 행동하네

살피자면 때로는 상스럽고
때로는 도도하기 이를 대없으니
툭하면 저희들끼리 다투네

그것들 소유한자 고독하네
값진 보물처럼 지키기 수월찮아
겉으로는 무소유인척 하네

그들 정작 있어야 할 곳은
자기 아닌 남을 위한 배려 같은
봉사라는 단지속일 것이네

서울횡단

도성은 지금
하늘마저도 모자라다

급속히 조여 온 인구밀도
이젠 땅 냄새를 맡지 못해
온 하늘에 오로라마냥 치솟아
드디어 하늘벌판을 알알이 점거했다

지상에서 쫓겨나 혹성이 된 사람들
수평수직의 혼돈 속을 겁 없이 넘나들며
대롱대롱 하늘에 매달려 살고 있다

그 사이사이 비집는 고가도로망들이
아무런 생각마저도 빼앗겨버린
24시 러시아워 틈바구니로
겨우 순간이동을 시도하는

서울횡단은 그야말로
버거운 탈출

봄 그리기

저기 희끗한 겨울 산
못 본체 순한 바람으로
몰래 에돌아 오시는 손님
불현 성급한 그대를 맞으러
연한 봄맞이 화폭을 펼칩니다
아꼈던 첫 세월관문 열어 제치고
때맞춰 봄의 건반에 성큼 올린 저
순한 악장이 퍼는 파스텔의 선율들

드디어 사계의 첫걸음걸음 꾀해봅니다

일제히 터진 아지랑이 군무들 함성
그런 심포니 한 마냥 풍진 거사여
막 물오른 몽우리에 붓질을 하듯
그래요 아직은 밑그림 같지만
상큼한 수채 감 탐해봅니다
아직도 수줍은 들녘너머로
슬며시 들어앉는 오브제
그 설렘도 그려봅니다

가을을 줍다

은행나무 밑 너부러진 점령군
치도곤이 고약한 가을손이 저지른
못난 심술들을 주워 담으련다

오 저 흉한 냄새로 저항하는 성깔하며
얼핏 본능만을 핑게 삼는 구린 속내들

그 뻔뻔한 항거 어찌 모를까만
우선은 쫄깃하니 어금니로 와 닫는
아주 큰 은유로 빚어 영근 귀태에 반해
난 불현 너의 불륜을 사정없이 무쇠 불에 굽고
철저히 내우 한 무정의 신비 그 비결인
진노란 햇살 빛 통정을 음미할거다
아 그리 숨겨온 세월 맛이거니

네 부끄러운 이성의 망울 즙 터트리며
그 옥빛 속살 그대로의 고혹을 탐하리

하여 난 한 알의 귀한 아픔을
기꺼운 촌로 되어 주운 이 가을로
오래전 세월얘기 맛볼 것이다

하오의 정사

정갈한 호수가 탐이나
하늘이 온통 점령을 했어
사정없이 뛰어든 햇살

수중에 깊숙이 파고든
구름도 벌써 산호섬 되어
하늘이 주인장 되었네

고요하다 못해 우직한
호수의 깊은 속이 궁금해
돌팔매 심술을 먹였지

화들짝 놀라는 호수여
그대는 어찌 잠만 자는가
하늘의 간교를 아는지

온몸 열어 품어주고는
하늘과 정사를 벌인 그대
어쩐지 행복해 보였어

에스프레소 마시기

잠행하듯 너의 속으로
서서히 나를 이입시킨다
시작과 끝이 모호하다

녀석 무게를 휘휘 저어본다
검고 검은 번잡한 생각들이
자꾸 먼 시간을 늘려나가며
옛 아쉬움을 유발하려 한다

아주 짧아야 하는 여유로움
향약처럼 번지는 감각 속에
하루의 삶을 응축시켜 본다
입안 가득히 맴도는 문명들

어딘가 묻혔을 추억도
순간순간들을 비집고 나와
와락 안겨오듯 스친다

기차가 그리워요

옛 기차가 그리워요
아끼던 추억 끌어안고서
어느 꿈나라 갔을까

생각만 해도 좋아요
수많은 기다림과 설렘이
증기 열기를 뿜어요

플랫폼을 떠날 쯤에
세상 돌아가는 이치들이
자꾸 다가와 말해요

삶이란 다 그렇대요
어디론가 떠나고픈 유랑
그래서 기찰 탄대요

아 무쇠냄새 찌들고
오징어냄새 풀풀 번지던
옛 기차가 그리워요

여름밤의 랩소디

무엇이 저토록 울부짖는
간곡한 이유를 지어낼까

어디론가 잠적한 넋 잃은 바람
녹아내린 찬별마저 여름밤 어둠 되어
흐물흐물 무너져 내린 이 한밤

개골개골 개골
그렇게 하늘도 기진하니
온 지상의 소리꾼들
끝내 참고 참았던 동원령이 내려진다
열기 뿜어 떠받치는
저 끈 적한 함성의 장막
개골개골 개골

창밖 논두렁 참호 속에 장전된
가득 쌓인 내 뇌리에 박힌 신경 탄과
필요 없는 정적으로 부어 만든

부산한 울음 합주단들이
여름밤 랩소디를 뿜는다

창밖의 소리들

이제껏 살아온 날들이
언제부턴가 날 외면터니
창밖을 소리 없이 뛰쳐나가
수없는 구호를 외쳐대며
나를 심판할 기세로다

살뜰한 세월에 홀려
뭉텅뭉텅 아낌없이 흘린
내 같잖은 정신의 뼈마디가
선비처럼 곱다랗게 누워
섣불리 물들인 허욕

허나 지금 작은 실바람
살며시 스러지는 주파에도
화들짝 놀라 귀 쫑긋 세우며
가랑잎 부서지는 아픔처럼
쌓인 허무 애통해 운다

몸 잘린 세월 아직도
뜻 모르게 아프다는 기만
나를 보며 짖는 세월의 한숨
그리 한심해 뿜는 탄식들
저 창밖 모난 소리들

유배지

우린 유배중이다

작금의 문명에 닳아빠진
타산적 삶의 공극에 갇힌 채
허우적거리며 꼼틀 꼼틀

허공에 붙어산다

항상 메말라하는 일상들에게
안온한 사유를 채워주던 빗소리
이젠 그 그윽한 쏘나타마저 끊기고
답답하니 콘크리트 각 면체에 갇혀
한 치의 오차도 없는 벌집 같은
자잘한 애벌레로 살아야한다

그렇듯 건조된 삶

창밖엔 지금도 비 오는데
대지의 차분한 노래 흐르는데
때때로 난청이 되고 마는

아 먹통 주파수여

무념이 저지른 생각

마음 비운다는 것
그건 체념이 뒷짐 짚고 벌인
고품격거짓말이지

글 짖기 작심 후 지워도 지지 않는 추레한 기억들

가슴 벽 뚫어와 꼼짝 않더니
오오 제법 날개를 돋아 올리더이다
그러내요 개똥도 약이라더니
끝내 궂은 세월 온갖 허드레 추억마저 그러담네요
어쩌다가 뛰어들었을까 추려보지만
온갖 욕구로 치장된 속은 비우기는커녕 터져 넘어
내내 사금파리처럼 번뜩이는
차마 보기 힘든 짓눌린 가슴앓이뿐
그 속은 찌든 강정처럼 말라

정작 실없는 비움 같이 비울 새 없는 스러짐 같은

고품격거짓말이지
그려 아마도 그런 것일 거야
마음 비웠다는 것

종각 앞에서

아무런 술렁임도 잃어버렸네
상심의 눈빛으로 그을러오던
그늘진 한해마저 떠나려는가

숨 가쁜 서역 찬 노을 보내며
닥아 올 새해 밑 서둘러 묻어야할 수많은 유정
그 무리들이 발목부터 잡는데

왜 내 제야 종은 거꾸로 인가
가득 채우고픈 소망들 아마도 그러한 절실함이
실의의 종소리로 변절을 하네

두려운 여한들로 쉬 엉켜버린
얼룩의 세월 그 설한의 눈물 한 방울 가치에도
시지프스 땀내가 번져 오듯이

남겨진 촌각 그 잔 시간 굳혀
어설프게나마 종을 쳐대는 난
또다시 한해의 시종이 되는가

라스베가스

라스베가스
한번쯤의 절망의 만남들로
거리마다 새로운 언약이 여물고
이방인 가슴지핀 농익은 여정에
한옥자랑깊이 열기를 준비하는
라스베가스

현란한별천지가 돌연 덮쳐오듯
또 다른 변신만을 위한 신화를
몰래 배양하는 밤의 정령들
알듯 말 듯 끈적대는 설렘으로 빚은
밤의 유약을 마냥 뿌려대며
그 틈새에 스민 시간을 굳히듯
유혹의 불야성을 과시하려한다

라스베가스
태연스레 살찐 그 구렁이가
둘둘 감고 있는 숨 갑뿐 도심은
네로의 도성보다 더더욱 탐스런
사막을 불태운 신기루 같은
라스베가스

바라나시의 새벽 강

신들의 집이 안개 속을 거닌다
돔형스투파 둥그런 실루엣을 띄우며
그 신비와 환상을 마구 지피며

환영이 뿜어내는 물 젖은 새벽

드넓은 인도차이나 수만리길
맨발의 투혼으로 나선 반열의 길
길은 오직하나 성지 바라나시로 간다
그 잘난 코끼리 신에 경배하고는
온 소망 성수에 젖는 갈망뿐

터번처럼 펑퍼짐한 갠지스유역

밤낮 없는 인산인해 그 강변은
산 자도 죽은 자도 함께 몸을 적시는
생의 시작도 끝도 없는 사바다

흰 천에 싸여진 초연한 죽음들
뼛가루로 뿌려지는 신앙적 갈망들이
장작화염을 환희롭게 날려댄다

아 절체 절명한 샤머니의 극치

영혼냄새 진동하던 비린강변
생을 승화하는 거리낌 없는 예식
거뭇한 그을림마저 숭고해지는 캠프
미처 재가 되지못한 시신들 잔해
그 묵계의 현상을 뽐내는 강

잊을 수 없는 바라나시의 정경

불식하듯 꽃 띄워 소원을 빈다
강물처럼 눈매 깊은 꽃 팔던 소녀들
애잔했던 꽃 미소 눈에 선하다

태양의 나라

태양신 추앙받던 땅
그렇거나 서글펐던 역사여
아마존 강심만큼 넉넉했던
황금빛신앙 안데스산맥 너머 사라졌나
지붕마다 십자가도 어색한
순진무구의 역사만 남았네
그런 남미 끝단 페루

오오! 잉카의 영화여

페루군사 어디가고
왕의 목 날리던 날
쿠스코한옥자랑 덮고 울어대던
차디찬 핏빛노을만이 반기네
마추피추 산정에서 피어오르던
돌 꽃마다 서린 제국의 피맺힌 한들이
오매불망 궁천만을 지켜보는데
꼬질꼬질한 인디오 소년들의
검은 눈망울에 뛰어들자니
슬픈 피리소리가 아
나도 양치기 같다네

위대한 무지의 성
- 앙코르와트

용케도 숨겨온 도성
환희한 신성을 마다하고
정글에 내깔린 유혼

온갖 도량과 계측을
경외심 하나로 굴복시킨
저 불가사의 정확도

자신의 웅자 너무 두려워
익 천 년을 숨죽인 거석들이여
그 침묵의 긴 아우성이여

세기의 시간들 옮아
지겹게 훔쳐댄 인간사의
융성한 허무의 좌판

괴기한 패망의 성지
원한의 이무기 노목만이
역사를 말아 품었네

제4부
비움의 행로

개똥철학

개똥철학
과거란 시대속의 옛말
무엔가 비딱한 것이 판치던
삭막한 시절에 편승된 막 말들
모든 의중이 일순 해체되는
참으로 무절제한 직설
개똥철학
요즘 툭하면 떠오른다
무언가 잘 쓴 것 같은 글귀
글귀가 살아 현란히 춤을 춰도
죽 뜬 자리 같이 알바 없는
자신만의 심각한 것들
개똥철학
그려 어쩌면 개똥철학
옛날에도 그런 것들 많았지
보헤미안 흉내 삼키던 옛 시절
가로등 밑만 배회했던 시절
밉살스레 날린 일침들
개똥철학

개똥철학
지금쯤 어느 묘원에서
아무런 비석하나 없이 누워
스스로 개똥철학하고 있을까만
너의 모습 사라진 요즘에서
왜일까 입에서 맴도는
개똥철학

시인의 길목

방자하기 이를 데 없는
몇 가닥 서툰 사념의 뿌리는
언제까지 그 열병을 치룰 것인지
묵은 기억의 구근 속을 파헤친 듯
느닷없는 사보타지 근성을 보이네

어쩌면 예견된 수순의 분갈이 같은
당연한 기다림에 물든 오만의 싹들

아 그렇게 의연함을 안고서
멀뚱한 얼굴로 낯선 체 했던
그 무한정 달렸던 용열한 길

아직도 늦지 않을 형편이란 고삐만
힐끔대며 당겨대는 내 어설픈 뚝심

뻔한 별자리만 잘난 체 세고 있는
저 희대의 아첨꾸러기 점술가마냥
지겨운 관념의 지팡이 휘휘 젖는
무수히 모난 근영 속에서 내
하얗게 웃는 가짜이빨아

생각의 문

나 그대가 생각납니다
우정 떠올려서도 아닌

문득문득 돋아난 생각 속
보란 듯 당신이 있습니다

당신 고왔던 마음이
이윽고 생각 속을 휘젓는데
또 다른 애정과 배려도 들고 와
내 앞에 한 아름 눈물로 쏟아놓네요
눈물 속 아련히 비친 당신의 정
그런 아름다운 심성을 다시
생각 안에 담습니다

그곳에 문이 있을 거예요
열리고 닫히는 생각의 문

그 문 주인 당신입니다
자주 열고 오서 주어요

시인의 모습

입맛 따라 다르겠지만
시인들 먹거린 자못 단순하다
단순해도 조리법이 쉽지 않고
깊은 맛도 느릿하게 우러나니
이른바 무궁한 맛이지

헌데 사실을 말하자면
알고 먹는 게 그리 많지 않고
다만 데면데면 하는 흡입보단
수차례 곱씹어서 자아내는 맛
남다른 수고가 따르지

사는 길이 달라서인가
그 삿갓들의 생각도 다양해서
막상 보면 만물시장 좌판이고
다시 보면 하나같이 신선이니
생각은 도인의 경지지

허허 그래서 말이네만
시인을 바라보는 뭍 시선들의
예사로운 근접이 수월치 않고
그리하여 무르익어 보이는 것
그게 시인들 모습이지

바코드

싱거운 짓이네만
이따금 떠올린다

간혹 나의 정체를 들쑤시면
묻어가기 밀려가기 따라붙기 등
무엇하나 내 스스로가 없다

어디선가 매겨진 나의 존재
사회생활 감투놀이 그 한평생에
이젠 왠지 부끄러운 상패들
그래 나는 이런 존재였다오
그 묘한 행적들을 늘어놓고서는
얼마큼 그 인정 받아냈을까

그래저래 쌓여진 삶의 무게
그런 것이 살아가는 가치였다고
못난 뇌리에 이식된 바코드

무엇에 홀렸을까
빛바랜 달란트여

여름밤 메시지

시골
한여름 밤은
별들에 장악된다
무수한 별들의 속삭임을
시샘하듯 울어대는 것들 있으니
모두 잠깨어난 풀벌레들
찬찬히 둘러보니
그도 별이다
오오
저토록 고운
소리들 그러모아
사랑이란 빛에 물들여서
딸네미들 사는 하늘아래 골고루
밤새껏 뿌려주고 싶구나
택배로 보내고픈
시골의 수정
별들

사막에 가고 싶네

나 사막으로 가야하네
알라의 비단 향료 얹혀 진 저 낙타들 따라
십자성보이는 꿈길위에 한줄기 카라반되어
나 사막으로 가야하네

저들만 허락된 길목에 무아의 모래성 쌓고서
미라들 황금빛단잠 그 내세의 영원한 숨결을
나 또한 마셔봐야겠네

어디론가 끌리는 발길
바람향기로 빚은 무덤 그 감미로운 언덕에다
그리 내친 내 영혼마저 경이롭게 드리운다면

나 사막으로 가야하네
그 뉘도 범할 수 없는 참으로 흔적하나 없을
그러한 환희한 성체의 저 빛 고운 알몸 위를
나 홀로 걸어가려하네

타협된 불면

누구의 뜻대로 인가
시각은 꾸역꾸역 밀려가지만
이 밤을 멈춰야겠어

한밤중 습관성 이탈

아무런 생각 없이 펜을 드니
그 사연 오죽하련만 설원의 흰 나목 같은
곰실곰실 기어가는 숫한 사연과 그 앙상함 들이
겨울도 재울기세라 덩달아 잠 청해보지만
아무래도 그건 억지도전이다

그리고 비굴한 타협

누구의 뜻대로 인지
흰 눈이 창가에 잠을 뿌려도
또 밤만 재워야겠어

서녘 놀

이 몸이 발아된 곳
순 토박이 호패를 차고
여직 것 고향땅만 밟는데
왜 문득문득 향수에 몸 저릴까

뉘엿뉘엿 해 숨기던 노을 따라
이게 아닌데 하며 스쳐 흘리듯
언제나 저 앞서 달아나는 세월

그 세월 쫓다 잃어버린 향수
내 자라 떨 군 애절한 열매들처럼
하나둘 어디론가 이적했을까

우수를 토해대는 핏빛 서녘 놀
저것들이 야금야금 내 귀한 것
내 고향을 훔쳐 가는지도 몰라

오 언젠가 당도할 영원의 땅이
미리 나만 홀로 맛보라는
까닭 없는 슬픔 어쩔까
서녘 빛이 낯 설다

어느새

옛날 옛적에 나 거기 있었지

너도나도 코 흘리게 까까머리 동무들아
코 닦느라 옷소매는 반질반질 반짝였고
대갈빡 기생충 반점 맹구처럼 번뜩였지
알록달록 눈깔사탕 볼 떠질라 자랑하면
쏜살같이 달려든 왕사탕 같은 눈망울들

도시락 책보자기 허리 어깨춤 둘러치고
이십 여리 등교 길 개근하며 달린 동무
그 단짝만 몰래 불러 한입 깨어 나누면
하교 길 짤랑짤랑 도시락소리 경쾌했고
싸리나무 토막 자른 자치기도 즐거웠지

어쩌다가 긁힌 상처 흙가루면 그만이고
깡통에 구멍 뚫어 타야조각에 불붙이고
동산이 불타든 말든 동그라미 불야성들
철딱서니 흠뻑 두른 용감무쌍 악동들에
동짓날 보름달도 환히 웃던 달마중놀이

옛날 옛적 나 거기 있었는데

통로

밤새껏 망자와 놀았다
아직은 뇌파기능이 원활해선지
알 수없는 수많은 낯선 곳과
이미 세상을 등진 많은 이들이
이승의 문을 넘나든다

때로는 친구와 선친들
그들은 아직도 그들 집에 남아
이것저것 무언가를 챙기면서
내세와의 고리를 연결하려는지
하여간 망자도 바쁘다

그렇듯 꿈속은 통로다
예 없이 이어주는 현세와 저승
습관성소피로 파절된다 해도
접신하듯 이내 길을 펴는 통로
아무래도 내가 수상타

헌데 예지감은 없구나
고백하자면 복권 몇 장 사봤지
최소한 통로이용권이라 할까
실상 아직은 그 보상 요원하나
나의 살뜰한 천상통로

낙수

혹여 하늘의 뜻으로
아 난 구성진 비가 되나보다
마구 떨어져선 몸 구긴 채로
닿아지는 대로 묻어가라하네
흘러지는 대로 기어가라하네
어느 처마 끝 벼랑에 고하던
마지막 화려한 체공

금실은실 빛 고운 황포햇살 아니라도
맑은 비취빛 구름 뚫고 작열하던 별빛하며
한 아름 중천만월 탐스럽게 떠돌건만

저 하늘 이 몸에게
작정했듯이 비가 되어라하네
억수로 내려앉아 흐르다보면
아마 어디선 간 커있을 거란
그 흔한 암시한줌 띠움 없이
호박명월신선구름 다 제키고
그저 비가 되라하네

일상의 그늘

첨단 봉을 거머쥔 도깨비문명
그 놀라움에 쉬 얹혀 살아왔어도
그런 윤기 이는 삶 갈피어딘가에
한스런 마른 숨소리 끊임없네

이를테면 세상물결 더없이 빨라지고
그 신비의 단층들도 속 드러낸 지금
먹곤 자고 또 자곤 먹고 그러하기를
어언 이만 오천 번 남짓 거듭했건만

아 여직 알 수 없어라 세상내막이여

오늘도 하릴없이 컴퓨터만 그러안고
아리송한 시대 가로질러 횡단하듯이
늦 나이도 묵과되는 별난 시간 속에
내 못난 세월 주섬주섬 끼워 넣네만

생각할수록 무기력과의 공모는
몸체도 정신도 함락당한 공극상황
그리하여 과거와 미래가 뒤범벅된
작금의 일상을 누가 거둬갈까

친구의 인사

좋은 하루 되십시오

생판 모르는 사람에게 건네는
버스 안에서의 다정한 인사다

순간 경직되는 좌중

친구의 습관적 인사
오로지 예수님만 믿고 살아서
꼭 그래야만 은혜의 일상 같은데
상황은 그게 아니고 그 성인 같으신 말씀
하아 이상하게도 근질근질해선지
머쓱한 승객들 대칭적 교감이
말없는 각을 세운다

자신은 모를 오지랖

늙으면 입단속에 지갑만 열라
문득 어디선가 들어본 말씀이

정차 버튼을 누른다

한계

건강은 어떠신지

동창회에 모신 은사님
늙으면 아픈데 없이 아프다네
그게 어딘지 모르겠어

건강하게 오래 살라고
자식들의 소청 같은 주문인데
그리하면 오죽 좋을까

그건 마음만 받아야지
때가되면 자기 갈길 가야하네
욕심일랑 안 어울리지

사교춤에 능한 선생님
그토록 팔팔한 모습 좋았는데
자조의 말씀 사무친다

그래도 오래오래

비움의 행로

속세를 벗어나
모든 것 훌훌 던지시네
더 이상은 있어볼 곳이 못된다고
하늘 문을 덜컥 여시네
얼마나 머실까

그토록 말려도
출가 길 멀다고 서둘러
어쩜 좋은 곳에 갈지도 모른다고
쌀 한입 동전하나 챙겨
훌훌 떠나시네

혼백이 입성한
불 맛이 살아있는 단지
신불 모셔 이제야 정좌시킨 사바
아 그대 세상만을 담은
영원한 안식처

아직도 뜨거운
못다 한 아쉬움의 숨결
오래도록 머물던 그 마지막 열기
한세상 모든 한을 털던
비움의 행로여

사시(斜視)

시골이 비어간다
겨우 한사람을 태운 버스
기사님 지금쯤 무얼 생각할까
승객도 없는 시간대 운행
운전도 계면쩍다

모두는 무사한지
일찍이 폐교된 학교 저편
조잘조잘 뛰놀던 애들 소리며
새소리도 들을 수 없구나
시골이 사라졌다

어디들 숨었을까
알 수도 없는 두문불출이
혹 투전에 대낮 술 그런 건지
사람냄새 맡을 수 없다고
비틀대는 빈집들

빈집들 주변으로
어디서들 왔을까 듬성듬성
볼품 좋은 철 대문에 양옥빌라
그 역시 주인 잃은 개처럼
계면쩍게 서있다

하늘 문

곡전 한입 지니고서
빈손 펴고 가시네요

망자의 길을 여는 세상 끝자락
구천향한 하늘 문 섧기도 해라

삶의 애환 그 미련도 함께 따르시듯

통곡의 불길 흘러와
우리가슴 가슴에 혼 불 심는데
뜨겁게 맴돌던 혼백

못내 검은손 저어 천국의 문 여시네

문턱 넘는 길손은 말이 없는데
인연의 고리 끊는 영원의 소리

세차게 열리고 닫는
영생의 천궁 문소리

혼절의 계절

어쨌든 원 없이 놓아 주리
때가 된 듯 술렁이는 서산이
붉고 붉은 마지막 석별을 고해도
억장의 가슴 터지는 예포 울려도
비정의 눈물만은 사양하리니
슬머시 가라 뒤보지 말고

허기진 네 영혼 겉돌아
끝없이 방황하던 소망이여
찬란한 꿈 내처 들지 못해
시린 세월 목 놓았구나

보잘것없는 작다란 육신
그 중심에 옭아맨 비좁은 못
아 이제야 눈여기는 혼절의 계절
감싸 안을 수완도 여지도 없나니
혼미한 그 믿음 냅다 박차고
훨훨 미련쯤 뒤로 하게나

어머니의 김밥

음식솜씨 엄지였던 어머니
그중 김밥은 식신의 경지였지
맛도 맛이려니와 어찌나 예뻤는지
소풍마다 담임 선생님 도시락
내만 진상할 수 있는 특권

선생님끼리 모인 점심자리
유난히도 돋보였던 그 김밥이
사랑스런 눈길 되어 내게 머물 때
아 내 어린나이에도 느껴지던
자식사랑 지극했던 어머니

요즘 난 그 귀하신 김밥이
마트진열장마다 놓인 게 싫다
더욱이 우동에 곁 드릴 보좌역 격
그렇게 전락해버린 나의 자존
하 내만 누린 특권의 소멸

아무래도 다시금 오셔야해
소풍 전야의 분주했던 모습과
바리바리 챙겨줬던 예쁜 도시락을
당신 손자에도 본때 보이시고
꿈에라도 이따금 오셔야해

노모의 캔버스

십년세월 넘긴지도 오래
이모저모 강산도 변했을 터인즉
모양새도 닳고 닳아 처량하지만
고택처럼 돌보신 어머님

손수 바깥출입이 포기된
노모의 생전이 담긴 베란다창문
당신의 유일한 세상담은 캔버스

아마도 매일 크로키 했을 먼 산

새벽엔 황금 알 품은 수탉 같은
보름엔 고운 알 낳을 암탉 같은
그리 떠올렸을 해님달님

지금쯤엔 무얼 그리실까
그토록 교감하던 먼 산마루에서
어쩜 불충한 에비 철딱서니손자
해처럼 달처럼 그리실까

보릿고개

찢어지듯
피폐했던 시절들이
곧잘 추억이란 탈 덮어쓰고
이젠 풍요의 무대 위로 나선다

온갖 고난 다 말없이 삭여내던
옛 어미는 언제나 내세우고픈 주인공
허나 그들 가난할 새도 없었지
세상천지 모두가 그러했노라고
으레 것 껴안았던 서글픈 보릿고개여
이밥만 골라 먹인 그 자식들은
어미뱃속에만 꼼실댔던 잡곡과
그 눈물진 모정을 이젠 알아야 할 듯
보리밥집을 둘레둘레 찾아든다

고소한 기름 향 듬뿍 쳐서나온
폼 좋은 그 기호 식은 이미
달아 난지 오래다
어미냄새

제5부
강원별곡

대청봉 그 정상

그곳에 가면
참한 정수리 같은
천년바위 무수하다네
백두대간 한허리를
떠받히는 금수강산
그 산곡 마디마디
샘솟는 옥수

모두 다 그러더이다
산삼 썩은 물이라서
두말 않는 만병통치

그곳에 가면
붉디붉은 열정들의
금빛 크레파스 향연
동해를 켄버스 삼은
고호 같은 새벽손님이
뜨거운 희망덩이를
마구 건저요

대포항 단상

바다마을 대포항

새벽 적시던 안개 휘몰고
만선의 뱃고동 포구를 달구면
싱싱한 활어 되어 펄쩍거리는
부두 지키던 은빛의 좌판

가물치 곰치 우럭이 해장술에
갈지자걸음 하는 거나한 햇살들로
활기가 활개 치는 술국 익는 선창가
일렁이는 해수면 조각물결 헤집고서
우뚝하니 뱃머릴 치켜 올리고나면
순식간 떨이되는 기막힌 유통

어시장서 웬 설렘을 팔까
아침 열던 부둣가 비린바다에
진작 잃어버린 우리들의 향수
그 속에 마냥취해 있었네

추억한줌 사들고

오대산에 묻은 사념

바다를 보려 산이 높은지
산곡 넘나드는 이유들 나서
급경사 꼬부랑길과 시비하는데
그러기엔 너무 빛나는 산천
오대산비로봉이 아니런가

겹겹이 마주한 산맥 사이
옅은 안개 아련히 일궈 품은
자연이란 거나한 체감에 취해서
저 무명의 선경 빛에 흐르던
산자락에 눈길 묻고 가네

실루엣 같은 수묵화 속에
감히 한 점의 격앙된 붓질로
아 시린 마음 풀어 떨구고 나니
되돌아서는 차창가득이 고인
하늘은 해 없이도 해맑네

산마루 가라앉혀 넘나드는
6번국도 숨차던 진고개 길로
동해바다 눈치 없이 따라왔는지
옷깃잡고 시샘하던 바람마저
온종일 구름만 몰아세우네

치악산 전설을 줍다

산허리에 달라붙은 가파른 오솔길이
뉘엿뉘엿 까치전설 산사로 가라한다

거북바위 돌 반석에
날듯 단아한 학인가
상원사 대웅전이 사뿐히도 앉아있네

합장재배 공양하고 절밥마저 비우고
정한 수 맑은 물에 정신일도 채우니

까치머리범종소리 몸 풀던 암구렁이
전설만큼 사연달린
계수나무 눈앞이네

치악산끝단 봉에 사찰규모 소담해도
끌리는 정 수북한 상원사 거기 있네

다시 한번 그 감격

아! 아흔아홉 굽이길 펼치며
저 푸른 동해바다도 달려왔었지
대관령 산정너머 고랭지산촌위에
청무 같은 옥빛깃발 올리고 올려
노호처럼 달려와 나부끼다 그렇게
오대양육대주 관문을 우뚝 세웠지

만백성이 기원했던
오 저력의 희망찬 게이트 그리 이룬 염원의 나부낌이여
참으로 평화로운 창달이었듯 장했지
광활한 고원의 눈밭 깊숙이 무슨 패기의 씨앗 심었는지
참으로 슬기로운 영달이었듯 장했지
이제는 아껴왔던 강원의 얼 성큼성큼 그 문 넘어서야지
감격의 평창올림픽

다시금 지구촌지붕 위를 활강하던
세계의 푸르른 눈빛들을 생각하자
아 모두가 준마처럼 달리던 그들
언제고 팔을 걷던 한겨레의 자존
갈기 세운 피 더욱더욱 혼신 것
힘찬 국력 되어 날아서 가던

땅굴 탐방기

인간 행동의 미련한 반증이었지
탄복하기엔 석연치 않은 쿠린 척도
착잡한 심경들은 말을 잃었다오

분단의 땅 이렇게도 이어지누나

뚫리고도 굳어진 이 지표의 단호함을
누가 징그럽게 숨겨놓고 즐겨 했을까

스스로를 박절하듯 저 제어되질 않는
치졸과 음흉으로 소진한 수많은 인고

찬 구렁이 되어 쉬 떠나지 못한 시간
혐오스런 세월물고 길게도 누워 있네

통일 염원의 처절한 표상이런가

돌 벽 타고 흐르는 눅눅한 눈물
모진강산 땅속에서 소리 없이 울어
가슴 적시네 조국을 적시는구나

태백산 민족 성전

온 하늘 열어주신 한배검님

빛으로만 보내주신 하얀 온 누리
조상님의 조상이신 나라님이시어
한민족 올 고른 씨앗 뿌리셨나니
이내 가슴으로 읍하는 사배 절은
영원토록 그대향한 예 올림 충절

하늘 잇는 당신을 기립니다

드높은 고산준령 보듬은 태백정상
유유한 한얼의 정기 천제 단 영지
당신 그 큰 영명 어디 돋아있나요

한치 앞도 낯선 우매한 백성

드높다던 백의깃발 어쩐 명맥인지
빛 이는 그대 얼 여직 모르더이다
전설도 어여쁜 민족 신앙 그 속에
그나마도 다행스런 조용한 정좌여
태백산 당 골 산자락 너무도 작은

아 소담한 성전 나라 지키네

소양강에 역사를 심다

오오! 춘천이 옛 낙랑이라네요 그래서인가
더없이 황홀한 물빛이듯 사랑의 전설이 감도는 요람
아리따운 낙랑공주 애련한 넋이 지금도 소양강변 맴돌아대며
곱디고운 물오리로 쉼 없이 그리 환생하고 있다네요
더는 얻지 못할 지고한 순정으로 호동왕자 눈시울을 달래고 있듯
저 고요하고 청아한 수반 헤이며 물굽이 펼쳐 널어 빛나게 하듯
영원한 꿈결처럼 물안개 속 애절한 사랑역사 파문 그리나 봐요
옛 고도의 강물 다시 일구며 아직도 환희의 꿈 실어 나르듯
아스라한 전설 수놓으며 강기슭을 지키는 소양강처녀여
필시 그대도 호동을 기다리는 낙랑공주라네

오오 그지없어라 낙랑의 혼 깃든 소양강이여
못내 애틋함 고여 잠긴 저 물결 위 반짝이는 정감들이여
별빛마저 너의 모습 찬란케 하고 달빛도 어둔 밤을 거두는구나
나룻배 그 옛날은 가고 없어도 뱃고동 소리 높여 너를 부르리니
옥자갈 금모래 그 시절보다 더욱 진한 물빛사랑 모두 바치려무나
그리고 빛나 거라 향수 빛 노을 물든 왕도의 강이여
정령의 숨결소리 하늘로 솟는 저 발치 삼악산도 너를 지키고
고즈넉이 너의 얼굴 굽어 살피는 정기서린 저 봉의 산성도
자명고 수문장 자처하나니 너의 푸른 옷깃 마음껏 펼쳐
이 아니 좋은가 천년만년 물빛사랑 영원하시게

그 이름 금강산

오 오감을 거둬가는
저 극명의 아름다움 천상천하 제일봉들
어느 명산 비견될까

구룡폭포 옥류 담이
사계절을 기르다가 제 겨워서 자아내는
비취빛깔 진 옥수들

산천마저 넋을 잃고
용이 되어 뛰어드니 우정모인 만물상들
부족함 그 무엇이랴

아 신선들 아방일세
궁합 맞는 풍미마다 경이로운 보합일세
이름 하여 금강일세

경포대 달밤

예부터 그랬었다지요
그곳에 달님이 납실 때에는
저 하늘과 호수에도 술잔에도
그리 골고루 나뉘어 납신다고

하 그런데 어찌된 일인고
요즘엔 달님보다 더 밝은
가로등 수은 불빛님 하며
노점네온불빛 불야성님들

그렇게 경포대호수둘레엔
그동안 씨 뿌린 달님들이
사계절연중무휴 피켓아래
떼거지로 군림하나보네요

저렇듯이 낮 가림 없는 달님들
어쩜 경포터줏대감 율곡선생이
참으로 너그러운 허락들을
달님과 단판 졌나봐

옛 정라진 단상

삼척항 포구 정라진 항구
출항준비에 들떠있는 어선들
영역표시 된 비릿한 해풍

부둣가 따라 공생하는 상점들
겉모습 허술해도 내막은 알찬
어딘가 숨겨진 부자상의 자태

한평생 수평선만 보고 살아온
바다기슭 게딱지 닮은 집들이
산등선에 해초 같이 붙어있다

어부의 삶은 그리 대물림하며
파고 높은 경사지의 투혼인양
오징어 덕장처럼 여유 넘친다

예부터 갓 부임한 원님들
죽서루에 차려진 술잔치보다
정라진 술국을 더 즐겼데

장릉 그곳은

역사의 관문
고갯길을 내려설 때면
고귀하게 와닿는 기운
왕도의 향기

천수 제례에
허리 굽혀 읍하는 노송
아 어찌 전설로만 보리
그대들 충정

신묘한 자태
아직도 살아 솟는 혼백
못다 한 이승들이 모여
에워싼 영지

정선 오일장

여긴 기차타고 장을 보는
아우라지강물도 팔린다는
두메산골짝 오지장터래요

왜 하필 멀고먼 정선장인가요
기차로 온 서울손님께 물었다
겹겹이 쌓인 한을 판다해서요

동강을 거스르는 저 나룻배서
세월로 말리고 말린 한이라서
그야말로 허튼 한이 아니지요

그 한들을 정성껏 대려먹으면
인생살이 참 쓰고도 쓴맛들이
얼마나 달콤한지를 곧 안데요

산골짝이 참 깊고도 깊어
땅도 한 뼘 하늘도 한 뼘
그래도 인심만은 한 다발

용궁의 길목

새벽을 이끄는 저 뱃고동소리
부두선창에선 밤새부터 뱃머릴 들썩여 대며
잔뜩 여문 설렘들이 파도친다

축항 너머 일렁이는 고요한 아침
쳐다보기 힘든 하늘 높은 태양도
다소곳한 달덩이처럼 태어난다는

여긴 동해 해저내음 상큼 솟는 용궁의 길목

해무를 실어 나르는 바람의 행열
예쁜 해만에 새긴 무수한 발자국
참 부지런한 게딱지 귀여운 군무

오 용궁의 수문병 소라들 투혼
죽어서도 빛나는 모래톱사이 조개 무덤들은
세상 끝 이어가는 용궁 나들목

철원 주상절리 탐방

얼마나 한이 깊었기에
저리도 어마한 땅 가름을 했을까
깊고 깊은 한탄강협곡

시작과 끝은 감췄을까
짐작키 어려운 세월의 광란 같은
지각의 험준한 몸태질

인간 난해한 지상소식
험난했던 반도역사 되풀이될까봐
아예 단절한 절개심지

억겁의 시간 불러내어
저 홀로 삭여온 주상절리의 나신
이제야 허락된 절개여

고석정 돌고 돌아가니
은하 교 걷던 장엄이 석벽타면서
우리 함께 오르자하네

오색약수 권하기

강원도
깊은 산곡엔
짙은 정기만 산대요

넘쳐흐르는 금강수
한 모금 꿀맛 같은
맑고 청한 정한 수
누구라도 반겨주는
설악산이 집이래요

강원도 물을 마시면
그 맛 또한 천상의 맛이라
곧 청렴해 진다네요

산자수려에 물들어
인심도 향긋하지만
그 산수 깊은 무량
용궁 속 장원 같아
신선들 고장이라고

강원의 바다 동해가
파도 드높여
외쳐요

집필후기

- 시인의 에스프리 1 -
이국남

본문 이미지 요약

　우리 한글의 우수성은 그 실용면에서 이미 세계적으로 인정받은바 오래이며 특히 문학적 인용으론 그 표현의 묘가 무궁무진함에 매료되고 있다. 내용 표현과 문맥의 흐름에 있어 구절마다의 끊고 맺음, 또한 필력에 따른 매끄러운 이어짐 등 여러 갈래의 맛깔스런 표현작법이 용이하고 처짐도 없을 뿐 아니라 외래어로는 따라올 수 없는 소리글로 어떠한 언어적 발음도 정확히 한글로 구사되는 신기에 가까운 문자임을 자부케 한다.

　근자에 들어 모든 세계적 문명이 뒤섞이며 그 왕래가 다투어 받아들여지고 있는 터에 우리의 언어적 문화도 외래어의 홍행으로 생활 속 깊이 파고들어 이젠 그리 낯설지 않은 시대에 도래해 있다. 어쩌면 당연시 흡입되고만 이러한 현상도 한편 되짚어보면 이 역시도 우리의 한글이 어느 나라 언어이건 받아들여질 수 있는 다소화적 수용성과 같은 힘의 구조를 띠고 있음에 틀림없다.

이렇듯 한글만이 지닌 장점을 운문이란 시 작문에 적용하여 꾸며가는 재미는 단순히 시적인 운과 내용면에서의 글의 기교를 키우는 것 외에 더하여 몰두할 수 있는 경이로움이 있으며 누군가 (어쩌면 시험적인) 이러한 한글의 우수성을 시라는 장르를 통해 구현될 수 있음을 증명하는 작업에 작자는 오늘날의 그 누군가가 되기를 주저하지 않기로 한다.

　하여 위의 변과 같이 작자의 시 작문에선 시각적 행간과 문맥 흐름의 나열이 치열하고 가지런히 반복되는 대칭적 형문을 띠고 있다. 어쩌면 자유분방한 현대시의 흐름과는 다소 구별되어지듯 얼핏 옛 시조처럼 고전적이고 너무 의도적인 모양새지만 복잡다단한 현대시로서도 어구의 토문 하나하나에 절제의 미를 얼마든지 구사해 표현할 수 있음을 실질적 인용으로 근접해 보고 싶었다.

그리해 보기 좋고 난해하지 않고 군더덕 없는 깔끔한 문장 구성을 갖출 수 있다는 그 무궁한 실현성에 대하여 작자는 수시로 작문을 다듬질할 때마다 외래어로는 도저히 불가능한 오로지 한글로서만이 가능한 우리글에 새삼 감사해하며 지금껏 지향해온 이러한 모든 글 매무새를 누군가 인정하기에 앞서 본 시인의 장끼로까지 삼고자 하는 것이다.

그렇다면 과연 작자가 주장하는 깔끔하고도 장끼로 삼고 싶을 정도의 글 매무새는 도대체 무얼 말하는 것인가에 우선은 누군가 접하게 될 독자 입장에서의 궁금증을 마련하지 않을 수 없고 이에 대한 작자의 넌짓한 변과 해명이 꼭 필요할 것 같아 몇몇의 본문 외에 이미 발간해 출판된 작자의 시집 중 일부를 발췌한 문장과 문형 구성의 예를 들어보기로 한다.

스핑크스 시름에 젖어

오
이집트
죽어서도 사는
모래 벌 영생의 나라
파라오의 속셈 하늘을 찔러
거대할수록 영원의 순도가 드높게
빛 뿜는 피라미드 그 열사의 지평에서
하루 한 끼 무 한 뿌리로 연명하던 노예들의
한 맺힌 아우성 순한 낙타트림 속에서 숨차 오른다

절대 권력은 어디에서 올까

순장에 임하던 수많은 영혼
그들도 영생의 길을 가고 있는지
지금도 클레오파트라의 영혼 부르며
거리구석지엔 살 냄새 물씬한 배꼽춤들이
사막의 열풍 혼신 것 잠재우고 있다
람세스의 꿈 아직도 마냥 떠돌아
나일 강 젖줄에 유유하는지

미라 득실대던 무덤의 도시

작자의 첫 시집 「시각의 전환」에서 발췌한 '스핑크스 시름에 젖어'란 시문이다. 한마디로 문장과 문장들을 의도적으로 디자인한 것이다. 제목과 내용뿐만 아니라 낱말의 적정한 나열과 자리매김을 통한 문장의 시각적 이해감지를 더욱 고조시켜 독자에게 흥미롭게 다가갈 수 있다는 갈마의 효과를 득하고 싶은 작자의 유니크와 유머러스가 가미된 작법이라 할 수 있다.

당신의 별

그 야릇한 곳에서는
아직까지도 풀지 못한 의혹들 많아
하나님과 아주 똑 같이도 닮았다는 인간들이
단 한 번도 보지 못한 절대자를 저마다 모셔놓고
믿음이란 과일만을 허구 헌 날 씹어가며 연명한다지
그 우매하고 불쌍한 것들만이 살고 있는 별난 별나라를

혹 어디선가 지켜볼 거라 믿게 한 그분 의도가 무엇인지

정탐꾼마냥 숨은 채로 들어나지도 않는 즐거움에서일까
작디작은 애기 구슬별 하나 천공에 냅다 내 깔려놓고
그 속에 온갖 몹쓸 잡것들만을 꼭꼭 가두어놓은 채
끝도 없는 암투와 시기와 공포와 주검의 시련 등
그 요상고도 아주 몹쓸 씨앗들 뿌려놓고
당신 무얼 시험하나요

이 역시「시각의 전환」중 발췌한 시문이다. 제목과 전체 문장 모양새만 보고도 지구별이란 걸 금세 감지할 수 있을 것이다. 이는 행간 정리에서 누구나 줄바꿈을 통에 얼마든지 비근한 모양새를 얻어낼 수 있지만 그러나 문제는 한 소절 한 소절마다가 각기의 행간에서 책임지는 문맥을 유지한 후 다음 행간으로 넘겨준다는 철칙을 고수하는 것에 있다.

소인국 (4)

그래 이제껏 쌓이고 쌓인
구린 풍요들의 예견된 반란이다
오 통탄할 어처구니 극치

온 나라의 슬픔도 억장도
모두다 무효이고 싶은 막막함을
그저 잔인한 사월로만 밀어대는
남해 매정한 바다며 더하여 익숙한 무감들
안타까움만큼 발 딛는 곳마다 비리의 똥밭인 나라
과욕으로 회칠된 그 과부하 불감증 구축에
우리 어린자식들 풋풋한 꿈들이
생애 하나뿐인 오롯한 추억들이
왜 희생의 제물로 됐는지

도저히 돌이킬 수도 없는
미안할 자격마저 잃어버린 우린
모두 다 중과실 치사자다

작자의 두 번째 시집 「진주조개」에서 발췌했다. 이제 위의 문장을 보면 작자가 추구하는바 그 의도가 무엇인지 쉽고도 분명해지는 이해로 돌입될 것이다. 어찌 보면 문맥 흐름 요소인 서론, 중론, 결론 등 정해진 틀과도 같다. 사실이다. 글에 익숙함이 들면 자연스런 흐름이 제집 찾아가듯 그리되지만 여기서도 작자의 면면은 처음과 끝의 대칭적 부합에 있다.

하늘이 쓰는 시

궁창이 잠잠하더니
하늘이 또 시를 쓰네요
왠지 기분이 꿀꿀하나 봐요
한땐 눈물로 시를 토하더니
작심하듯 하얗게 시를 쓰네요

내려 보면 볼수록

치열하기 그지없는 세상몰골

가리고 싶나 봐요

천지가 얼굴 맞대고서 쓰네요
대지도 하얗게 화답을 해요
마음과 몸을 비우려나 봐요
하늘이 쓴 시가 고와요
천궁이 왕림했네요

    이 역시 작자의 두 번째 시집「진주조개」에서 발췌했다. 이 문장은 눈이란 낱말을 전혀 삽입하지 않고도 마치 눈이 펑펑 쏟아져 내리는 풍경을 연출시켜 낸 그야말로 시가 좋아할 작법 중 하나이다. "천지가 얼굴 맞대고서 쓰네요"란 대목처럼 전체의 문장도 그 시각적 효과를 하늘과 땅이란 이분화 속의 하나라는 관념을 강조키 위해 상하 동일한 무게로 대칭하였다.

이렇듯 몇몇의 예를 들어 작자만의 시 쓰기 작업을 열어 보이는 것은 어쩌면 지금껏 진행해온 모든 글에서 혹 반복성에 가까운 고루함이나 어느 정도 일탈성에 의한 자연스러움의 갈망이 끼어들지 못해 나타나는 권태가 있을 수 있음에 대한 선제적 변명을 하고 있는지도 모른다. 그러나 확실한 것은 이러한 작업이 결코 손쉽게 환치되거나 천착되어지는 기교가 아니란 점에 있다.

　말하자면 무수한 낱말 중에서의 선택과 또는 제한적 낱말에서 얻어내야 할 적정 단어가 언제나 궁핍한 자세를 취함은 물론 의도적 문장 구성에 있어 이것도 좋고 저것도 좋은데 어차피 하나를 제척해야 하는 양자택일의 고심은 참으로 안타까운 그야말로 진적에 들어서지 말아야 할 습성적 작법이 아닐 수 없고 이러한 자가당착격인 되돌아갈 수 없는 상황을 후회할 수도 있을 것이다.

　그러나 한편 작자는 자신의 작품에 대해 일말의 나르시시즘적인 고집병을 즐기고 있음이 문제이다. 아니 문제라기보다 문제를 자진해 일으키는, 그리하여 일반 영역에서 구별화되고 싶은 자기만의 돌올한 카테고리를 그 섹션화된 작자만의 대칭성 작법에 둘러치고 스스로 울타릴 쌓고 있는지도 모른다. 어차피 내 글을 사랑할 자 나 자신이며 그 밖의 관심사는 덤이 아니더냐. 는 생각.

결국 작자의 변은 나만의 길을 가겠다는 것과 결코 외 롭지만은 않다는 스스로의 자위를 내세워 더욱 적극적인 자기 얼굴을 만들겠다는 이를테면 심오한 각오가 있는 것 만은 틀림없는 것 같다. 왜서일까. 그렇다면 그동안 분단 장돼 떠났던 글들이 다소 좋은 반응을 잔뜩 싣고 돌아오기 라도 한 걸까. 아니다. 그건 어느 시인이고 남몰래 지닌 착 각처럼 그저 시 세계를 겁 없이 산책했을 뿐이다.

　적어도 오랜 경험과 지각을 갖춘 시인들은 결코 남의 글을 함부로 평하지(나쁘게) 않는 게 자생화된 예의로 지 켜지고 있다. 이는 쏘아버린 화살이 부메랑처럼 되돌아오 는 문단의 묘한 기류를 알기 때문이다. 그렇다고 좋은 글 에 대해서도 그다지 후한 편은 아니다. 아마도 진정 글이 좋다고 생각될 때 전해오는 칭찬은 그래서 믿어야 하는 기 분 나이스한 참 잘 쓴 글로 보아야 할 것이다.

　어쨌거나 이러한 기류 속에 작자의 고집스런 작문이 무 언가 재발견된 사안처럼 돌올해지거나 또는 특별한 감흥 을 불러일으키는 그러한 기대는 금물이겠지만 앞에서 서 술했듯이 시 쓰기 작업에 있어 남다른 이중고와 같은 시간 할애가 더 요구되는 자못 다차원적인 (시각적 디자인) 효 과를 얻어내는 작업에 대한 약간의 보상심리가 작용됨은 그다지 낯 간지러운 솔직함은 아닐 것이다.

아는 게 죄라 했던가. 작자의 느닷없는 시각적 디자인이란 구호를 이렇듯 따짐 없이 휘둘러대고 있는 배경은 참으로 미묘하다. 한마디로 작자의 깔끔 떠는 성격 탓도 있거니와 작자가 지닌 본연의 직업의식에서 발로되는 디자인적 요소가 그 탈로를 바꿔 전이된 삼투작용적 현상으로 옮겨 붙은, 말하자면 언제나 잣대를 굴리며 각종 플랜과 디자인에 몰두해온 건축사란 직업과 연유한다.

그렇다. 단순한 이러한 변이 정말 변병다운 명분을 지닐 수 있는가는 차치하고라도 일단은 자신의 심지를 굳히고자 하는 그 선택의 시도가 매우 독보의 길이고 이어 이를 한글의 우수성과의 논지로 갈마들게 하고 싶어 하는 작자의 애국 심리가 조금은 아니 매우 가상하지 않느냐는 홀로의 외침으로 본 시집의 문장 구성에 대한 시각적 디자인 접목에의 변에 시적 명분을 곧추세워 본다.

- 시인의 에스프리 2 -
이국남

본문 내용의 요약

제1부. 무엇이 우리를 붙잡는가

어릴 적 6.25사변을 경험한 나이쯤이면 이미 이념상 보수적 경향과 나라 운명에 대한 긴장감이 언제나 그 범주를 지키듯 맴돌며 끊임없는 메시지로 애국을 위한 잔소리꾼이 되고 만다. 이는 글을 다루는 사람에게 주어지고 옹립되어야 할 스스로의 사명 같은 것이기도 하다는 문학 입문 처음부터의 생각인바 지금껏 계속되기에 그 잔소릴 1부에 장식하기 위해 아래 시 한 편으로 요약한다.

아직 환웅의 핏물 흐를까

어찌해야 저 너른 벌 당겨올까

광활한 토반 위 혼 불을 심던
선각자 말굽소리 그 여운을 담은
푸르른 초목 한 닢 한 닢에 고한
고조의 기름진 햇살 여전한데

어제의 역사들에 오늘을 새긴
이국 아닌 이국에서 헤매고 있는
조선족 그네들은 진정 누군가

끈질긴 발붙임의 시원을 안은
아 내 동포 눈물이던 헤란 강이여
그 말없던 흐름들에 낯 설어 가며
유령처럼 용문 교 건너야했네

어찌해야 요동 벌 옛 역사 앞에

단군의 핏빛을 선명케 할까

'요하에서 울던 벌' 전문이다. 이데올로기적 사상을 초월하여 간취되는 애국적 한의 노스탤지어이다. 건져 올릴 수 없는 바램을 격절되어 가는 역사 속에 재조명시켜 과거의 영화로부터 오늘의 분단국가 현실을 개탄케 유도해 가는 시문이다. 단체문학 기행으로 백두산 답사 후 지은 글로 때맞춰 중국의 동북공정이 한참 심화되고 있는 상황에서 대비되는 작자의 선양적인 민족시문이다.

제2부. 시계 속을 걷다

시 쓰기를 위한 관념적 대상은 참으로 무궁하다. 쉽게 말해 속칭 시인들 눈과 생각 속에 걸려드는 모든 것이 시인 셈이다. 그러니 시의 질료적 요소는 만물이되 이를 시적 표현으로 승화케 하는 것은 생각이다. 그러나 더하여 시는 생각을 생각해내려는 집요한 추궁으로 이루어지며 그리하여 생각의 수단을 자칫 추상이란 엄청난 뇌 활동의 영역 속으로 몰아붙인다. 이른바 시적 세계이다.

추상이란 놈의 정체
버젓한 경륜의 징표 같지만
때론 고집스레 둔해 보이는
어쩜 욕망놀이 속만 헤집는
고고한 삶들의 몽환

혹은 무작정 의지 하고픈
순간적 맹목의 넋 일수도

그러나 그 넋은 언제나 질척하니

눈물과 애환들로 꾸며 논
무수한 망상들 범벅일 뿐

어쩌면 긴 한숨으로 다그친
그렇듯 참담한 눈치로 여물게 한
그 진한 삶의 앞잡이 같은 물상들을
너무나 쉽게 그려 넣고 후해하듯
왜 자꾸 뒤돌아보게 되는지

본문 중 '추상화' 전문을 골라봤다. 그런데 생각을 아무리 다그쳐도 문학적 논란에 끼어들지 못하는 생각의 성과는 무수하다. 이는 곧 생각의 부재에 따른 기량의 부족으로 폄하된다. 시인들은 이렇듯 폄하된 생각의 찌꺼기를 산더미처럼 쌓아놓고 산다. 왜냐하면 버리고 싶어도 버려지지 않기 때문이다. 이제껏 본 작자의 생각들이 그러할진대 혹 시 쓰기 작업에서 이는 관성 아닐런지.

제3부. 지성의 요람

시리는 운문과 연을 맺은 자라면 대다수가 삶에 대한 노스탤지어에 물들곤 한다. 누구나 품에 고이 간직하고 싶은 향수, 특히 시적 감성으로 풍겨대는 향수야말로 신의 선물과도 같은 엄청난 질료적 효과가 아닐 수 없고 어쩌면 안개처럼 아스라이 분포된 시 세계의 바탕으로 작용되어 언제나 마지막 디저트 같은 여유로움의 휴식을 예고해 준다. 그리고 시인이나 될까라고 마음먹게 한다.

그리움
그네들을 유심해 보니
용서만이 가득한 저 하늘만 좋다더니
까마득히 점멸하는 별빛과 휘영청 달빛 같이
어디론가 떠나는 구름 구름위에 올라
노을로 사는가 싶더니
한여름 어느 잔잔한 호수가 맴돌다간
어느새 낙엽으로 눈꽃 속에 얹혀살다 그러다
그러다 무시로 달려와 무작정 안기듯
우리 가슴에 살자하는
그리움

그렇듯
티 하나 없는 맑음으로
곱고 고운 그림으로 환하게 살자한다
먹지 않아도 온 몸속 느껴지는 그러한 맛
그러한 홍시 같은 연심으로 예쁘게 살자한다
아 영혼과의 대화 그 유일한 드맑은 통로
그 사색과 독백으로 섬처럼 살자한다
내칠 수 없는 반려되어
영원히

본문 중 '그리움이 사는 곳' 전문이다. 흔히들 시 글에선 그리움이나 외로움 따위 낱말의 등장을 되도록 피해 간다. 그만큼 새로울 것도 없는 식상되고 촌스런 유행가 급으로 취급된 지 오래이다. 그러나 살펴보면 이를 피하기는커녕 그리움 그 외로움들을 어찌하지 못해 회유적인 은유로서 싸고 돌아야 하는 딜레마와 함께한다. 결국 운문이 바라는 궁극적 목적을 외면할 수 없음에서다.

제4부. 비움의 행로

운문이란 어차피 인생의 의미를 노래하고 반추하는 것 아니던가. 굳이 서정성에 목 메이지 않더라도 가까운 일상에서 얻어지는 삶의 오브제를 가림 없이 접문하고 이를 다듬고 아우르는 작업에서 문학이 거머쥐고 있는 삶의 에너지를 야금야금 빼내 사유함은 물론 인생의 파노라마 같은 삶과 죽음, 그러한 아쉬움, 초연함, 그러므로 행해지는 여행 등등으로 얻어진 작문들이다.

나 사막으로 가야하네
알라의 비단 향료 얹혀 진 저 낙타행렬 따라
십자성보이는 꿈길위에 한줄기 카라반되어
나 사막으로 가야하네

저들만 허락된 길목에 무아의 모래성 쌓고서
미라들 황금빛단잠 그 내세의 영원한 숨결을
나 또한 마셔봐야겠네

어디론가 끌리는 발길
바람향기로 빚은 무덤 그 감미로운 언덕에다
그리 내친 내 영혼마저 경이롭게 드리운다면

나 사막으로 가야하네
그 뉘도 범할 수 없는 참으로 흔적하나 없을
그러한 환희한 성체의 저 빛 고운 알몸 위를
나 홀로 걸어가려하네

밀려왔다 밀려가는 인생길을 우리는 어차피란 용어로 수식하길 좋아한다. 이는 체념이란 아쉬움을 애써 감춘 담대함을 가장한 죽음과의 대치이다. 그러나 그 이면엔 언제나 이왕이면이란 수식도 뒤따라 주길 바란다. 한마디로 하루하루 죽음에 이르는 길을 이왕이면 아주 길게 잡아 늘려 보려는 것이 곧 삶인 셈이다. 그리고 별일 아닌 것처럼 가볍게 가기 위한 비움을 공부하기에 이른다.